이재철 목사의 기초 신앙 특강 ❶

새로워진 새신자반 강의안

이재철 지음

홍성사.

일러두기

- ‘새신자반’은 저자의 주님의교회 목회시절부터 뜨거운 호응과 참여로 널리 알려진, 그리스도 안에서 새로운 삶을 살기 원하는 분들을 위한 성경공부 프로그램으로, 그간 오디오 테이프를 통해 국내는 물론 해외 한인교회에까지 소개되어 왔으며 단행본으로도 출간되어 한국 교회와 독자들에게 꾸준히 사랑받고 있습니다.
- 이 강의안은 (주)홍성사 유튜브 공식 계정에서 저자의 새신자반 강의를 보며 기록해 나갈 수 있게 구성되어 있습니다.
- 찬송가는 새찬송가를 기본으로 하였습니다.

이재철 목사의 기초 신앙 특강 ❶

새로워진 새신자반 강의안

새로워진 새신자반 강의안

Supplementary Book of *New Life in Christ*

지은이 이재철
펴낸곳 주식회사 홍성사
펴낸이 정애주
국효숙 김의연 박혜란 송민규 오민택 임영주 차길환

2005. 3. 2. 초판 발행   2020. 12. 21. 26쇄 발행
2021. 4. 30. 개정판 1쇄 발행   2025. 1. 20. 개정판 5쇄 발행

등록번호 제1-499호 1977. 8. 1.
주소 (04084) 서울시 마포구 양화진4길 3
전화 02) 333-5161 팩스 02) 333-5165
홈페이지 hongsungsa.com 이메일 hsbooks@hongsungsa.com
페이스북 facebook.com/hongsungsa
양화진책방 02) 333-5161

•잘못된 책은 바꿔 드립니다. •책값은 뒤표지에 있습니다.

ISBN 978-89-365-1477-8 (03230)

새로워진 새신자반 강의안

차례

01 하나님은 누구신가?

참된 믿음은, 믿음의 행위가 아니라 믿음의 대상에 의해 구별됩니다. 믿음의 행위가 열성적이어도 믿음의 대상이 고작 무당과 잡신에 지나지 않는다면, 그 사람이 떠받들고 있는 것은 미신일 뿐 참된 믿음일 수는 없습니다. 크리스천이 하나님을 바르게 알아야 할 까닭이 여기에 있습니다. 크리스천에게 믿음의 대상은 하나님이시기 때문입니다. 하나님을 믿는다면서도 정작 하나님을 바르게 알지 못하는 사람은, 단지 명목상의 크리스천일 뿐 실은 미신가에 지나지 않을 것입니다.

하지만 하나님을 아는 것이 그리 간단한 문제는 아닙니다. 육신의 부모도 제대로 알 수 없는 판에, 인간이 어떻게 영이신 하나님을 온전히 알 수 있겠습니까? 그러므로 우리는 하나님을 알려 하기 전에 다음과 같은 토마스 성인의 경구를 마음에 새겨야 합니다.

"하나님이 누구신지 알 수 없음을 잊지 말라. 이것이 하나님에 대한 최후의 인간 지식이다."

이 겸손한 마음으로만 성경 말씀을 통해 하나님을 바르게 알아갈 수 있습니다.

*** 새찬송가 9장**

1. 창세기를 중심으로 하나님이 누구신지 묵상해 보십시다.

1 | 창세기 1:1

2 창세기 1:27

3 창세기 1:28

4 창세기 15:13-14

5 창세기 17:1

6 | 창세기 22:13-14

7 | 창세기 28:15

8 | 창세기 32:28-30

2. 예수님께서는 이처럼 좋으신 하나님을 어떻게 부르셨습니까?

1 |

2

3. 이 하나님께서 지금 나에게 무엇이라 말씀하고 계십니까?

1 이사야 43:1

2 이사야 49:14-16

3 스바냐 3:17

4. 우리를 향하신 하나님의 소원과 하나님의 요구는 무엇입니까?

1 | 하나님의 소원

2 | 하나님의 요구

5. 하나님의 소원과 요구조차도 우리를 위한 하나님의 사랑이심을 알 수 있습니다. 이 좋으신 하나님을 외면한 채 멸망해가는 인간은 참으로 어리석기 짝이 없는 존재입니다.

1 | 당신은 이제 '믿음'을 어떻게 정의하시겠습니까?

①

②

③

④

⑤

⑥

⑦

⑧

⑨

⑩

2 오늘 공부를 통해 깨달았거나 결단한 것을 정리해 보십시다.

* 새찬송가 304장

02 나는(인간은) 누구인가?

지난 과에서 우리는 하나님이 누구신지 배웠습니다. 그렇다면 이제는 내가(인간이) 누구인지 알아야 할 차례입니다. 당신은 당신이 누구인지 알고 있습니까? 자신이 누구인지, 어떤 존재인지 바르게 아는 것은 대단히 중요합니다. 자신을 제대로 아는 사람만 하나님과 바른 관계를 맺을 수 있습니다. 이런 의미에서 자신을 먼저 아는 것은 참된 크리스천 됨의 시발점입니다.

(이 과를 공부하면 '죄'가 무엇인지 절로 알게 됩니다.)

* 새찬송가 519장

1. 하나님께서는 인간을 흙으로 창조하셨다고 창세기 2장 7절이 증거하고 있습니다. 그렇다면 어떤 삶을 살아야 참인간일 수 있겠습니까?

1

2

3

4

5

2. 이에 반해 성경은 인간을 어떻게 평가하고 있습니까?

1

2

3

4

5

3. 인간은 왜 인간다움을 상실하고 이렇듯 죄인이 되어 버리고 말았습니까?

1

2

4. 인간이 모두 죄인이라면 죄란 구체적으로 무엇을 의미합니까?

1 죄라는 단어의 어원

2 | 예수님이 말씀하신 죄에 대한 정의

①

②

5. 창세기 3장 1절-6절은 인간의 범죄 과정을 상세히 보여 주고 있습니다.

1 | 하나님에 대한 인간의 불신은 구체적으로 무엇에 대한 불신으로 나타났습니까?

2 | 이 불신은 무엇으로부터 왔습니까?

3 | 사탄의 유혹으로 범죄를 행하기 전 인간에게 어떤 내적 현상이 일어났습니까?

①

②

③

4 | 범죄를 행한 하와가 취한 첫 번째 행동이 무엇이었습니까?

5 | 이와 같은 범죄의 결과는 무엇이었습니까?

①

②

6. 나 자신이 죽을 수밖에 없는 죄인임을 깨달았다면 이제 내가 할 일은 무엇입니까?

1 |

2

3

7. 주님을 향하여 마음 문을 연다는 것은 무엇을 의미합니까?

1

2

3

8. 이 과를 공부하면서 당신은 당신 자신에 대하여 무엇을 느꼈습니까? 그래서 당신은 지금 이 순간 오직 구원자이신 예수 그리스도 앞에서 어떤 삶을 살기로 결단하십니까?

1 나 자신에 대해 느낀 점

2 | 예수님 앞에서 나의 결단

*새찬송가 305장

03 예수님은 누구신가?

지난 과에서는 우리가 왜 죄인인지를 알게 되었습니다. 로마서 5장 12절은 죄의 결과가 사망임을 분명히 못 박고 있습니다. 따라서 우리에게는 사망에서 우리를 구원하여 주실 구원자가 필요합니다.
"예수님께서 우리의 구원자가 되시는 이유는 무엇입니까?"
"왜 예수님만 우리의 구원자가 되실 수 있습니까?"
"왜 예수님께서는 십자가에 못 박혀 비참하게 피 흘리며 돌아가시지 않으면 안 되었습니까?"
이 같은 질문에 대한 정확한 이해는 대단히 중요합니다. 그것은 주님에 대한 믿음과 사랑을 더욱 깊게 해 줄 것이며, 이단의 마수(魔手)로부터 우리를 보호해 줄 것입니다.

* 새찬송가 518장

1. 믿음은 하나님의 말씀에 대한 순종이라 했습니다. 아래의 성경구절을 읽고 예수님께서 어떤 분이신지 함께 묵상해 봅시다.

1 | 마태복음 1:16

① 본문은 예수님을 누구시라 합니까?

② 왜 예수님만 그 같은 분이 되실 수 있습니까?

ㄱ.

ㄴ.

2 | 요한복음 11:25-26

① 본문은 예수님을 누구시라 합니까?

② 이 말씀은 왜 중요합니까?

ㄱ.

ㄴ.

③ 예수님께서 부활하신 증거는 무엇입니까?

ㄱ.

ㄴ.

ㄷ.

3 | 마태복음 16:13

① 본문에서 예수님은 당신 자신을 어떻게 부르고 계십니까?

② 이 사실은 우리에게 왜 중요합니까?

③ 그와 같은 예수님의 삶은 우리와 어떤 관계가 있습니까?

ㄱ.

ㄴ.

4 마태복음 1:22-23

① 본문은 예수님을 누구시라 합니까?

② 이 사실은 왜 중요합니까?

ㄱ.

ㄴ.

③ 그래서 그분은 우리에게 무엇이라고 말씀하고 계십니까?

5 다음 성경 구절들을 찾아 직접 기록한 후, 성경이 왜 그렇게 증거하는지 그 이유를 생각해 봅시다.

① 요한복음 14:6

② 사도행전 4:12

③ 이유

2. 우리는 모두 죄인이며(롬 3:23), 죄의 삯은 사망입니다(롬 6:23). 그러나 예수님께서 우리를 대신하여 죽으심으로 우리가 구원을 얻게 되었습니다(롬 5:8-11). 그런데 예수님께서는 우리의 구원을 위해 왜 그토록 피 흘리시며 처참하게 돌아가셔야만 했습니까? 공자나 석가처럼 고상하게 돌아가실 수는 없었습니까?

1 | 첫 언약

① 히브리서 9:18-22

② 히브리서 10:11

③ 히브리서 8:7-8, 13

2 | 새 언약

① 히브리서 10:9-10

② 히브리서 10:11-18

③ 출애굽기 12:21-23

④ 마태복음 26:26-28

3 | 예수님께서 피를 흘리신 부위와 그 의미를 생각해 보십시오.

① 머리

② 가슴

③ 손

④ 발

⑤ 옆구리

⑥ 입

4 | 이제 다시 묻습니다. 예수님께서 그토록 사지가 찢어져 피를 흘리시며 처참하게 돌아가셔야만 했던 이유가 무엇입니까?

3. 지금까지 배운 것을 토대로 다음의 말씀들을 함께 묵상해 봅시다.

1 | 로마서 3:28

2 | 에베소서 1:7

3 | 요한1서 1:9-10

4 | 이사야 43:25

5 | 이사야 1:18

6 | 로마서 8:1-2

7 | 에베소서 2:8-9

8 | 요한복음 3:16

4. 당신은 구원의 확신을 얻었습니까?

5. 주님께서는 지금 '수고하고 무거운 짐 진 자들아 다 내게로 오라'고 우리를 초청하고 계십니다. 당신은 지금 무슨 죄 때문에 괴로워하고 계십니까? 이 시간 당신의 모든 죄를 주님 앞에 내어 놓고 주님께 용서를 구하십시오. 주님께서 깨끗이 도말해 주십니다(마 9:13). 그 주님께 감사와 결단의 기도문을 작성해 보십시오.

* 새찬송가 265장

04 성령님은 누구신가?

크리스천 치고 성령님을 언급하지 않는 이가 없습니다만, 성령님께서 어떤 분이신지 정확하게 알고 있는 사람은 그리 흔치 않습니다. 예수님에 대한 열정만큼 성령님을 알려는 열정을 갖고 있지 않기 때문입니다. 그러나 예수님께서는 당신 대신 성령님께서 오실 것을 확약하셨습니다(요 16:7-8). 따라서 우리는 지금 성령님의 시대에 살고 있습니다. 성령님의 시대에 살고 있는 우리에게 성령님에 대한 정확하고도 깊은 이해가 결여되어 있다면, 우리의 신앙은 바르게 설 수도, 성숙해질 수도 없을 것입니다.

*새찬송가 183장

1. 삼위일체 하나님으로서의 성령님

1 | 삼위일체 하나님의 성경적 근거

① 창세기 1:1

② 창세기 1:2

③ 요한복음 1:1-3, 14

④ 창세기 1:26

2 삼위일체 하나님의 특성

①

②

3 하나님의 삼위일체 되심은 왜 중요합니까?

①

②

2. 성령님에 대한 예수님의 설명 : 왜 성령님을 받아야 하는가?

1 | 성령님의 호칭

①

②

2 | 성령님의 역할

①

②

③

3. 성령님께서 함께하실 때 나타난 구체적인 역사

1 | 사사기 15:14

2 | 창세기 41:38 / 역대하 36:22-23

3 | 마태복음 10:19-20

4 | 사도행전 3:6-8

5 | 사도행전 9:31

6 | 로마서 5:5

7 | 로마서 15:13

8 | 로마서 15:16

9 | 고린도후서 3:17

10 | 갈라디아서 5:22-23

4. 성령님께서 임하신 성경의 예

1 | 사도행전 2:1-4

2 | 사도행전 2:38-39

3 | 사도행전 5:30-32

4 | 사도행전 8:17

5 | 사도행전 10:44

5. 당신은 성령님을 받았습니까?

6. 그렇다면 당신의 삶은 이제부터 어떻게 달라져야 하겠습니까?

* 새찬송가 187장

05 성경이란?

성경은 곧 하나님의 살아계신 말씀이자 모습이며 능력입니다. 성경을 통해 하나님의 음성을 듣고, 하나님의 모습을 뵈며, 하나님의 능력을 체험하기 때문입니다. 따라서 성경 말씀이 곧 하나님이십니다. 그러나 이 사실을 깨닫지 못한 사람에게 성경은 한낱 서가에 꽂힌 장식품에 지나지 않을 것입니다. 이 과를 공부하면서 우리는 성경이 왜 하나님의 말씀인지, 그리고 그 말씀의 능력이 얼마나 위대한지를 알게 될 것입니다.

*새찬송가 199장

1. 성경을 가리켜 하나님의 말씀이라고 하지만 하나님께서 직접 쓰신 것은 아닙니다. 약 1,500년에 걸쳐 40여 명의 사람들에 의해 씌어진 것입니다. 그럼에도 성경을 하나님의 말씀이라 부르고, 또 믿는 까닭은 무엇입니까?

1 |

2 |

3

2. 하나님께서 우리에게 성경을 주신 목적은 무엇입니까?

1 총론(요한복음 20:30-31)

①

②

2 각론(디모데후서 3:15-17)

①

②

3 | 위의 내용을 토대로 성경을 정의해 보십시오.

3. 성경의 분류

1 | 구약(총39권)

① 율법서 : 창세기, 출애굽기, 레위기, 민수기, 신명기 (5권)

② 역사서 : 여호수아, 사사기, 룻기, 사무엘상, 사무엘하, 열왕기상, 열왕기하, 역대상, 역대하, 에스라, 느헤미야, 에스더 (12권)

③ 시가서(성문서) : 욥기, 시편, 잠언, 전도서, 아가 (5권)

④ 예언서(선지서)

ㄱ. **전기예언서**(대선지서):이사야, 예레미야, 예레미야애가, 에스겔, 다니엘 (5권)

ㄴ. **후기예언서**(소선지서):호세아, 요엘, 아모스, 오바댜, 요나, 미가, 나훔, 하박국, 스바냐, 학개, 스가랴, 말라기 (12권)

2 | 신약(총27권)

① 복음서 : 마태복음, 마가복음, 누가복음, 요한복음 (4권)

② 역사서 : 사도행전 (1권)

③ 서신서

ㄱ. **바울서신** : 로마서, 고린도전서, 고린도후서, 갈라디아서, 에베소서, 빌립보서, 골로새서, 데살로니가전서, 데살로니가후서, 디모데전서, 디모데후서, 디도서, 빌레몬서, (히브리서) (14권)

ㄴ. **공동서신** : 야고보서, 베드로전서, 베드로후서, 요한1서, 요한2서, 요한3서, 유다서 (7권)

④ 예언서 : 요한계시록 (1권)

※ **구약**(39권)과 **신약**(27권)을 합쳐서 **총 66권**

4. 이 말씀들의 특징은 무엇인가?

1 | 요한복음 6:68

2 | 베드로전서 1:23

3 | 신명기 30:11-14

4 | 누가복음 1:34-37

5 | 사도행전 19:20

6 | 사무엘하 7:28

7 | 히브리서 4:12-13

8 | 요한복음 12:48

5. 요한복음 1장 1-3절, 14절 그리고 요한1서 1장 1-2절, 요한계시록 19장 13절에 의하면, 말씀이 인간의 육신을 입고 오신 분이 곧 예수님이십니다. 예수님께서 바로 말씀이시며, 말씀이 곧 예수님이십니다. 그 말씀에 의해 구체적으로 어떤 능력들이 나타났습니까?

1 | 마태복음 4:18-22

2 | 마가복음 1:40-42

3 | 누가복음 19:5-9

4 | 마가복음 12:41-44

5 | 마태복음 4:8-11

6 | 요한복음 1:1-3

6. 결론

1 | 이처럼 능력 그 자체이신 하나님의 말씀, 즉 성경을 곁에 두고서도 그 능력을 삶으로 체험하지 못한다면 그 이유는 무엇이라고 생각됩니까?

①

②

③

④

2 | 앞으로 이 말씀의 능력을 체험하기 위해 어떻게 하기로 결단하시겠습니까?

* 새찬송가 200장

06 기도란?

대화 없는 부부가 있다면 필경 파경을 맞고 말 것입니다. 대화 없는 부자지간이라면 남남과 다를 바가 없습니다. 그들 사이에 주고받는 사랑이나 도움, 격려 등이 있을 까닭이 없습니다.

하나님은 ‘말씀’으로 우리에게 말씀하시고, 우리는 기도로 하나님께 말씀드립니다. 더욱이 우리는 기도를 통해 하나님의 말씀을 바르게 깨닫게 됩니다. 그래서 기도는 하나님과 인간 사이를 연결짓는 절대적인 통로입니다. 하나님을 믿는다면서도 기도하지 않는 사람은 별거 중인 부부와 같습니다.

기도하지 않는 크리스천, 그가 아무리 열심을 다해 교회를 다녀도 하나님의 사랑하시는 자녀가 될 수는 없습니다.

* 새찬송가 417장

1. 데살로니가전서 5장 16-18절은 ‘쉬지 말고 기도하라’고 명령하고 있습니다. 쉬지 말고 기도해야 할 까닭은 무엇입니까?

1 | 요한복음 14:13-14

2 | 그렇다면 다음과 같은 질문이 제기됩니다. 이에 답해 보십시오.

① 이와 같은 특권을 주시는 이유가 무엇입니까?

② 모든 기도는 정말 응답됩니까?

③ 쉬지 않고 기도하는 것이 현실적으로 과연 가능한 일입니까?

3 | 사도행전 4:29-30 : 사도들의 대표적인 기도 내용

① "이제도 그들의 위협함을 굽어보시옵고"

② "종들로 하여금 담대히 하나님의 말씀을 전하게 하여 주시오며"

③ "예수의 능력이 드러나도록"

2. 마태복음 8장 1-15절을 통해 기도의 발전과정을 살펴봅시다.

1 | 한센병자

2 | 백부장

3 | 베드로

3. 기도와 관련된 다음의 말씀들을 함께 묵상해 봅시다.

1 | 마태복음 6:7-8

2 | 마태복음 6:9-13

① 이 기도문의 핵심이 무엇입니까?

② 이런 기도가 가능할 수 있는 토대가 무엇입니까?

3 | 마태복음 6:25-34

4 | 마태복음 26:36-39

5 | 히브리서 7:24-25, 로마서 8:26

6 | 요한복음 15:7

7 | 마태복음 7:7-11

8 | 마태복음 7:11-12

4. 결론

5. 지금 당신의 기도생활은 구체적으로 어떤 점이 잘못되어 있습니까?

6. 앞으로는 어떻게 기도할 것인지 각자 모범 기도문을 작성해 보십시오.

* 새찬송가 361장

07 교회란?

사람이 어떤 단체에 속해 있을 때, 자신이 속해 있는 단체를 정확하게 이해하지 못하면 사실상 그 단체와 무관한 사람일 수밖에 없습니다. 우리는 모두 '교회'에 속한 교인입니다. 따라서 '교회'가 무엇인지 이해하는 것은 대단히 중요합니다.
많은 크리스천들이 '교회'를 예배당으로 이해하고 있는 현실은 가슴 아프기 짝이 없는 일입니다.

* 새찬송가 210장

1. 성경은 교회를 어떻게 설명하고 있습니까?

1 | 고린도전서 1:1-3

①

②

③

2 | 마태복음 16:13-18

2. 381년 교회는 니케아 콘스탄티노플 신조를 통하여 "우리는 하나이고, 거룩하고, 보편적이고, 사도적인 교회를 믿는다"고 고백했습니다. 이 신조는 교회의 정체성을 잘 정의해 주고 있습니다.

1 | 하나의 교회

① 교회가 하나이어야 하는 이유

② 현실적으로 여러 종파와 교파가 존재하는 이유

③ 교훈

ㄱ.

ㄴ.

ㄷ.

2 | 거룩한 교회

① 거룩한 이유

ㄱ.

ㄴ.

ㄷ.

② 교회의 역사

③ 교훈

3 | 보편적인 교회

① 의미

② 이유

ㄱ.

ㄴ.

③ 교훈

4 사도적 교회

① 의미

② 로마가톨릭과의 차이

③ 개신교 입장에서 본 로마가톨릭교회의 문제점

ㄱ.

ㄴ.

ㄷ.

5 교훈

3. 교회의 목적은 무엇입니까?

1

2

4. 성경적인 천국의 모델(창세기 2:8-17)

1

2

3

4

5

5. 오늘 공부를 통해 깨달은 점과 결단의 내용을 기록해 봅시다.

1 | 깨달은 점 : 그동안 교회를 혹 예배당과 혼동해 온 것은 아닙니까?

2 | 결단

* 새찬송가 600장

08 예배란?

사람의 마음은 행동을 결정합니다. 다시 말해 사람의 마음속에 있는 것이 언행을 통해 겉으로 드러나게 마련입니다. 그래서 싫어하는 사람을 온 마음을 다해 진실하게 대할 수 없고, 사랑하는 사람에게 불성실한 것을 할 수도 없습니다. 이처럼 우리가 우리 속에 주님을 확실히 모시고 있으면, 그와 같은 우리의 중심은 반드시 예배를 통해 드러나게 됩니다. 그러나 예배의 바른 뜻과 의미를 알지 못하고 참된 예배, '영과 진리'의 예배를 드릴 수는 없습니다.

* 새찬송가 298장

1. 예배의 어원을 살펴봅시다.

1 | 히브리어

① 아바드(עָבַד)

② 샤하(שָׁהָה)

2 | 헬라어

① 프로스퀴네오(προσκυνέω)

② 라트류오(λατρεύω)

3 | 영어 : worship

2. 구약시대의 예배(제사)와 그 종류를 살펴봅시다.

1 | 번제 (레위기 1:1-9)

① 기본정신

ㄱ.

ㄴ.

ㄷ.

② 방법

ㄱ.

ㄴ.

2 | 소제 (레위기 2:1-2, 11-13)

① 제물

ㄱ.

ㄴ.

② 주의사항

ㄱ.

ㄴ.

3 속죄제 (레위기 4:27-31)

① 드리는 자

② 시기

③ 방법

4 속건제 (레위기 5:14-16, 6:2-7)

① 내용

ㄱ. 하나님의 것

ㄴ. 사람의 것

② 시기

③ 질문

5 | 화목제 (레위기 7:15-18)

① 종류

② 의무사항

③ 결과

3. 왜 지금은 구약과 같은 예배를 드리지 않습니까?

4. 이제 예배를 어떻게 정의할 수 있겠습니까?

"예배란 우리의 전 존재를 하나님께 굴복시키는 것이다. 예배란 그분의 거룩함으로 우리의 양심을 깨우는 것이고, 그분의 진리로 우리의 마음을 살찌우는 것이며, 그분의 아름다움으로 우리의 상상을 정화시키는 것이고, 그분의 사랑으로 우리의 심령을 활짝 여는 것이며, 그분의 목적에 우리의 의지를 내려놓는 것이다." - 윌리암 템플

①

②

③

④

5. 교회의 주보를 살펴봅시다.

6. 온라인예배에 대해 생각해 보십시다.

7. 사도행전 24장 1절과 25장 1-2절을 읽고 대제사장과 장로들의 문제점이 무엇이었으며, 왜 그런 문제를 안고 있었는지 생각해 봅시다.

1 | 문제점

2 | 이유

①

②

8. 다음과 같은 제사를 평소 자신의 삶 속에서 이루었던 사람의 예를 성경에서 찾아봅시다.

1 | 번제

2 | 소제

3 | 속죄제

4 | 속건제

5 | 화목제

9. 결론적으로 우리가 예배를 드려야 하는 이유를 딱 한마디로 말해 보십시오.

10. 예수님께서는 '하나님은 영이시니 예배하는 자가 영과 진리로 예배할지니라(요4:24)'라고 명령하셨습니다. 예배당 안과 밖을 포함하여 당신의 예배에서 개선되어야 할 점은 무엇입니까?

1 | 예배당 예배

2 | 온라인 예배

3 | 삶의 예배

* 새찬송가 620장

09 크리스천의 교회생활

학생의 학생 됨이 학교생활에서 나오고, 주부의 능력이 가정에서 비롯되듯이, 크리스천의 바른 삶은 바른 교회생활에서부터 시작됩니다. 이것은 바른 교회생활이 세상 속에서도 바른 삶을 가능케 하는 원동력임을 의미합니다. 만약 교회 생활과 삶의 모습이 일치하지 않고 있다면, 그것은 아직까지 교회생활이 바르지 못함을 의미합니다. 바른 교회생활을 위하여 우리가 유의해야 할 것은 무엇일까요? 앞에서 배운 '말씀'(성경), '예배', '기도' 이외의 것을 생각해 보십시다.

유의해야 할 것은 교회생활이 예배당생활을 의미하지는 않는다는 것입니다. 이미 배운 것처럼 교회는 건물이나 제도가 아니라, 주님을 믿는 사람들, 곧 우리 자신이기 때문입니다.

*** 새찬송가 421장**

1. 주일성수

1 | 주일성수의 근거는 무엇입니까?

2 | 주일성수의 의미는 무엇입니까?

①

②

③

3 | 왜 그리스도인들은 안식일 대신 주일을 지킵니까?

①

②

4 | 주일성수하는 사람을 위한 하나님의 약속

①

②

③

2. 전도

1 전도해야 하는 이유

①

②

2 전도의 내용

3 전도의 방법

4 전도의 시기

3. 헌신(봉사)

1 헌신해야 하는 이유

①

②

③

2 | 헌신의 성경적 의미

3 | 헌신자의 자세

4 | 헌신하는 사람을 위한 하나님의 약속

①

②

③

4. 교통(친교)

1 | 교통의 대상

①

②

③

2 | 교통의 원칙

5. 헌금

1 | 헌금의 의미

2 | 십일조

① 민수기 18:21

② 신명기 14:22-29

3 | 십일조는 반드시 자신이 속한 교회에 바쳐야 하는가?

4 | 주님께서 기뻐하시는 참된 헌금

6. 결론

1 | 균형 잡힌 교회생활

2 | 결단

* 새찬송가 452장

10 크리스천의 가정생활

참되고 진실된 크리스천을 교회 안에서 구별해 내기는 쉽지 않습니다. 적어도 교회 내에서는 모두 크리스천의 모습으로 존재하기 때문입니다. 따라서 참된 크리스천은 교회를 떠나서야 판별됩니다. 교회 밖 세상 속에서도 크리스천으로 살아가는 사람이라면, 그는 진정한 크리스천입니다. 우리가 가정생활을 바르게 꾸려야 할 까닭이 여기에 있습니다. 가정은 우리의 크리스천 됨을 스스로 증명하는 제1의 실천장입니다. 이런 의미에서 교회는 큰 가정이요, 가정은 작은 교회란 말은 참으로 적절합니다. 이 시간에는 가족간의 관계에 초점을 맞추어 생각해 보겠습니다.

* 새찬송가 438장

1. 부부

1 | 결혼의 정의

①

②

③

④

⑤

2 | 부부의 성경적 의미

① 창세기 1:27

② 마가복음 10:6-9

3 | 남편의 자세

① 창세기 2:18

ㄱ. 카이사르의 경우

ㄴ. 빌라도의 경우

② 창세기 2:21-23상

③ 에베소서 5:28

④ 에베소서 5:25

4 | 아내의 자세

① 창세기 2:18

ㄱ. 하와의 경우

ㄴ. 사래의 경우

ㄷ. 이세벨의 경우

ㄹ. 헤로디아의 경우

② 잠언 14:1

ㄱ. 돕는 배필의 두 의미

●

●

ㄴ. 남자는 과연 여자의 말을 듣는가?

③ 창세기 2:23

④ 잠언 31:30-31

2. 부모 자식

1 | 부모의 의무

① 창세기 22:1-2

② 골로새서 3:21

③ 에베소서 6:4

④ 신명기 6:4-9

⑤ 창세기 2:24

2 | 자식의 의무

① 하나님의 명령

② 그 이유는?

ㄱ.

ㄴ.

ㄷ.

ㄹ.

ㅁ.

3. 형제

1 | 형제지간의 문제

①

②

2 | 형제의 의무

3 | 성경에 나타난 형제사랑의 대표적 예

①

②

4. 가족 간의 사랑을 성경을 토대로 하여 한 줄로 표현해 보십시오.

5. 시편 128편을 묵상해 봅시다.

6. 오늘 공부를 통해 깨달았거나 결단한 바를 정리해 봅시다

* 새찬송가 559장